L'HOMME

A LA

FOURCHETTE

L'HOMME

A LA

FOURCHETTE

VAUDEVILLE EN UN ACTE

PAR

M. PAUL AVENEL

Représenté pour la première fois le 13 mai 1874 sur le théâtre des Folies-Marigny.

PARIS
J. BARBRÉ, ÉDITEUR
BOULEVARD SAINT-MARTIN, 12

1874

PERSONNAGES

LE CAPITAINE BRASSARD............	MM. SEIGLET.
GATECHAIR, chirurgien de marine.....	MERCIER.
THOMASSIN, matelot................	CONSTANT.
ANGÈLE, fille du capitaine...........	Mlles DALOUZIE.
MARIA..............................	SEIGNEURIE.

(La scène se passe au Havre, chez M. Brassard.)

Toutes les indications sont prises de la gauche et de la droite du spectateur. — Les personnages sont inscrits en tête des scènes, dans l'ordre qu'ils occupent au théâtre. — Les changements de position sont indiqués par des renvois au bas des pages.

L'HOMME

À LA

FOURCHETTE

Un salon. — Porte au fond. — Portes latérales. — Chaises, table à gauche chargée de livres et de papiers, servant de bureau, guéridon à droite, premier plan et table à gauche au fond.—Sabre d'abordage pendu à la muraille du fond.

SCÈNE PREMIÈRE

THOMASSIN, MARIA, *puis le* CAPITAINE.

MARIA, *sortant de la porte de droite, poursuivie par Thomassin, qui veut lui prendre la taille.*

Laissez-moi, monsieur Thomassin..., je ne veux pas que vous m'embrassiez..., ce n'est pas convenable...

THOMASSIN.

Puisque nous devons nous marier..., vous pouvez bien me donner des arrhes sur mon bonheur.

MARIA.

Non.

THOMASSIN.

Ah! cœur de roc!

MARIA.

Une fois mariés, je vous permetterai tout ce que vous voudrez, mais avant, rien.

THOMASSIN.

C'est notre maître le capitaine Brassard qui fait ce mariage, que craignez-vous, il ne manquera pas à sa parole, lui?

MARIA.

Vous pouvez manquer à la vôtre.

THOMASSIN.

Moi, manquer à la mienne? pas de danger ! je vous aime trop pour ça.

MARIA.

Le capitaine a dit : Thomassin épousera Maria le jour où M. Julien, le neveu de M. Gâtechair, chirurgien de marine, épousera Mlle Angèle, notre jeune maîtresse.

THOMASSIN.

Eh bien ?

MARIA.

Mais à deux conditions : la première c'est que Thomassin, *comme valet de chambre*, ne fera plus de bévues et ne cassera plus les meubles ; la deuxième, c'est que Thomassin, *comme matelot*, se corrigera de boire ; il lève un peu trop souvent le coude.

THOMASSIN.

Depuis ces conventions, ai-je tenu parole? je n'ai cassé qu'une petite glace, mais j'en ai recollé artistement les morceaux... il n'y a donc que demi-mal... Quant à boire avec les camaros, je ne vas les voir que le dimanche, et avec la permission du capitaine.

MARIA.

Bref, si vous ne marchez pas droit... vous êtes bien sûr de rester garçon.

THOMASSIN.

Je n'ai plus que huit jours à m'observer, et j'espère que d'ici là, je ne commettrai pas de boulettes assez monstrueuses pour m'enlever votre main.

MARIA.

Ça vous regarde !

THOMASSIN, *comiquement.*

Depuis si longtemps je vous aime !

AIR: *Muse des bois et des accords champêtres.*

Quand nous étions en pleine mer sous voiles,
Mon cœur ému montait au ciel pour vous ;
J'aurais voulu décrocher les étoiles,
Et les placer moi-même à vos genoux.

MARIA.

Ah! laissez là votre amour planétaire,
N'affichez pas autant de sentiment;
Car le bonheur doit se chercher sur terre,
Et non là-haut, au fond du firmament.

THOMASSIN.

En attendant, laissez-moi vous dérober un petit baiser.

MARIA.*

Non! vous dis-je, au Havre on a de la vertu.
(*On entend appeler Thomassin*).

THOMASSIN.

La voix de mon maître. (*Il se mouche*). (*On appelle de nouveau.*) Quel creux ! en mer, il domine le bruit des vagues; c'est superbe ça! quel instrument !

LE CAPITAINE, *ouvrant la porte du fond.*

Drôle, tu ne m'entends donc pas ?

THOMASSIN.

Si, cap'taine.

LE CAPITAINE, *accent marseillais très-prononcé.*

Pourquoi ne répondais-tu pas?

THOMASSIN.

Je me mouchais.

* Thomassin, Maria.

LE CAPITAINE.

Tu te mouchais, bagasse! Si nous étions à bord, je te mettrais vingt-quatre heures à fond de cale pour une réponse aussi bêtasse.

THOMASSIN.

Mais nous sommes ici sur le plancher des vaches.... cap'taine!

LE CAPITAINE.

Aussi je suis indulgent... Va me chercher mes journaux... Et vous, Maria, prévenez ma fille.

(*Thomassin sort par la porte du fond, et Maria par la porte de droite*).

SCÈNE II

LE CAPITAINE, *allant au bureau à gauche.*

Voyons si cet imbécile de Thomassin a bien cousu les feuillets de mon rapport, que je dois lire demain à la société de Géographie... C'est bien... ça m'étonne, ou plutôt ça ne m'étonne pas!... Il est amoureux de la bonne... une belle Trognonnette!... Voilà pourquoi son intelligence se développe... L'amour peut donc quelquefois civiliser un marsouin comme lui. (*Angèle entre par la droite.*)

SCÈNE III

LE CAPITAINE, ANGÈLE.

ANGÈLE.

Vous m'avez fait demander, mon père?

LE CAPITAINE.

Oui, ma pichoüne, embrasse moi. (*Elle l'embrasse.*) Avant que tu soies madame Julien, je veux, bagasse! te faire ton dernier cadeau de jeune fille. Je t'ai rapporté quelque chose de New-York. (*Il lui donne un nécessaire de voyage qu'il tenait à la main en entrant et qu'il avait déposé sur son bureau à gauche.*)

ANGÈLE.

Qu'est-ce que c'est que ça ?

LE CAPITAINE.

Regarde donc! c'est un nécessaire de voyage avec tous les bibelots agréables et séduisants pour une jeune pichoünette de ton âge.

ANGÈLE.

Oh! quel joli couvert en argent!... des ciseaux?... un gobelet!

LE CAPITAINE.

Es-tu contente! dis-le-moi franchement.

ANGÈLE.

Que vous êtes bon, mon père!

LE CAPITAINE.

Je le crois bien! Garde ça comme une relique! ce sera pour toi un souvenir du nouveau monde, où tu n'as jamais été, mais où j'ai été, moi, troun de l'air!

ANGÈLE, *assise au guéridon de droite, sur lequel elle a porté le nécessaire.*

C'est charmant! merci bien! Que je vous embrasse encore! (*Elle se lève et va embrasser son père.*)

LE CAPITAINE.

Volontiers, puisque ça te fait plaisir. Je vais sur le port donner mon coup d'œil à mon steamer... Si l'oncle de ton prétendu, tu sais bien, le chirurgien Gâtechair, venait en mon absence, dis-lui, ma pichoüne, que nous comptons sur sa personne pour dîner. (*Il remonte.*)

ANGÈLE.

Oui, mon bon petit père...

LE CAPITAINE, *redescendant la scène.*

Ce gaillard-là, il me va à ravir ; sa compagnie me plaît... Te! c'est un brave homme au fond et à la surface... Tu lui diras aussi que ton hyménée avec son neveu est fixé à la semaine prochaine... Ce bon Gâtechair doit s'estimer heureux de voir entrer dans sa famille une Marseillaise comme toi, car tu es née native de la Cannebière; c'est un honneur, bagasse! qui n'est pas donné à tout le monde. Il ne te manque qu'une chose, c'est l'accent marseillais, mais on n'est pas parfait!...

ANGÈLE.

Soyez tranquille, je n'oublierai rien.

LE CAPITAINE.

Il faut que les choses aillent vite! Je veux reprendre la mer avant le mistral, dans une quinzaine au plus tard, troun de l'air! L'Océan me réclame, il s'ennuie de moi, l'Océan!.. c'est mon ami, l'Océan!

ANGÈLE.

Je serai bien heureuse, allez, d'épouser Julien.

LE CAPITAINE.

Je le crois bien? c'est une brave et bonne nature!... A tantôt, ma pichoünette, à tantôt. (*Il l'embrasse et sort par le fond.*)

SCÈNE IV

ANGÈLE, MARIA, *puis* THOMASSIN.

ANGÈLE, *examinant le couvert placé sur le guéridon.*

Le gracieux cadeau!... Les Américains sont des artistes habiles en orfévrerie... (*Appelant.*) Maria!

MARIA, * *venant de droite.*

Vous appelez, mademoiselle?

* Maria. Angèle.

ANGÈLE.

Regarde donc ce que mon père vient de me donner.

MARIA.

C'est en vrai argent? C'est dommage que vous n'ayez pas la douzaine.

ANGÈLE.

Il n'y a qu'un couvert dans un nécessaire de voyage. Tu me le donneras à dîner.

MARIA.

Je n'y manquerai pas, mademoiselle Angèle.

(*Thomassin entre avec les journaux par le fond.*)

THOMASSIN, *allant à l'avant-scène de gauche.*

V'là les journaux du capitaine... (*Il les met sur le bureau.*) Qu'est-ce que c'est que ça? (*Il va près de Maria.*)

MARIA *.

C'est une cuillère et une fourchette.

THOMASSIN.

En aluminium ou en ruolz?

MARIA.

En argent, s'il vous plaît.

THOMASSIN.

Ça coûte plus de trois francs cinquante la douzaine, hein?

ANGÈLE, *se levant.*

Allons, ne perdons pas notre temps. (*Elle referme le nécessaire.*) Maria, venez m'aider à ma toilette... j'attends l'oncle de mon fiancé.

MARIA.

Je vous suis, mademoiselle. (*Elle pose le couvert sur le bord du guéridon.*)

ANGÈLE, *allant pour sortir par la droite.*

Thomassin, vous ferez attendre ici;... M. Gâtechair doit venir...

* Thomassin, Maria, Angèle.

THOMASSIN.

Oh! pour mon chirurgien, je suis plein de prévenances... il m'a arraché une dent sans douleur... au cap Horn!... pendant une bourrasque.

(*Elles sortent par la droite.*)

SCÈNE V

THOMASSIN.

Je suis sûr d'épouser Maria, mon maître paraît satisfait de mon service... Ah! c'est que je m'observe!... où ai-je donc mis ses journaux?... Ah! (*il va au bureau*) les voici... voyons ce qu'ils disent... Y-a-t-il de nouveaux naufrages? (*il s'assied*) il n'y a que ça qui m'intéresse... Avec les mariages pourtant... dire que mon nom et celui de Maria vont être imprimés là, la semaine prochaine... je ferai encadrer le numéro (*lisant*): Séance de l'Assemblée Nationale... Musée des antiquités .. ce n'est pas ça .. Ah! *Faits divers*, voici mon affaire... (*lisant*): « Hier le thermomètre marquait vingt-cinq degrés... à l'ombre... (*Parlé.*) Au Sénégal, il en marque cinquante, c'est un feignant, le thermomètre d'ici... Ah! voilà qui est plus intéressant... « Jeudi dernier un habitué du restaurant de *la Coupe d'Or*, a avalé sa fourchette au dessert. (*Parlé.*) J'avais un ami, moi, qui avalait un sabre (*il se lève*), c'était plus fort que ça! (*Lisant.*) Le restaurateur ne l'a pas mise sur sa note. (*Parlé.*) C'est généreux. A sa place, moi, j'aurais aussi avalé la cuiller... (*Lisant.*) Le convive ne s'en porte pas plus mal. »

AIR : *Contentons-nous d'une simple bouteille.*

Y a des gens qui sont de vrais chefs-d'œuvres
Pour les exploits de leur tempérament ;
Les uns pour faire avaler des couleuvres,
Font avaler d'abord un boniment.
Mon estomac est assez élastique
Pour engloutir trois douzain's de chaussons,
Mais quand j'suis pris d'un accès famélique } *Bis.*
J'avalerais la mer et les poissons. }

(*Parlé.*) Qu'est-ce qu'une fourchette? (*Il prend celle du nécessaire.*) J'ai bien avalé un hareng cru sans le mâcher, moi, pour me donner de l'appétit en passant le tropique... (*Il laisse tomber la fourchette par terre.*) Maladroit!... Ah! si mon maître était là. — Allons, bon, elle s'est faussée une dent... je suis perdu! J'ai mon eustache heureusement, je vas la lui redresser sans douleur. (*Il tire son couteau de sa poche, et en voulant redresser la fourchette, il la casse.*) Ah! mon Dieu!... Cassée!... Par bonheur qu'il en reste trois... Mais, nom d'un canon! ça se verra... Que faire? Que devenir? Mademoiselle Angèle va me maudire... Le papa va me chasser... et mon mariage avec Maria va tomber dans l'eau... Ah! une idée!... J'ai ici près un ami, qu'est serrurier... il va me ressouder ça, lui... (*Il danse de joie.*) Je suis sauvé!...

MARIA, *entrant par le fond.*

Pourquoi sautez-vous comme ça?

THOMASSIN, *cachant le couvert dans sa poche.*

Parce que je danse et que pour danser, faut que je saute... Tra, la, la, la! (*Il se sauve en courant.*)

MARIA.

Il est fou!... Je ne l'ai jamais vu comme ça?

SCÈNE VI

MARIA, ANGÈLE.

MARIA, *à Angèle qui sort de la porte de droite.*

Mademoiselle, je venais vous annoncer l'oncle de M. Julien.

ANGÈLE, *en toilette.*

Où est-il?

MARIA.

Là, dans la pièce à côté.

ANGÈLE.

Qu'il entre.

MARIA.

Bien, mademoiselle.

ANGÈLE, *arrêtant Maria par le bras.*

A table n'oublie pas de mettre un couvert de plus pour lui, il dîne aujourd'hui avec nous.

MARIA, *en remontant pour sortir.*

Je vais tout de suite dans la salle à manger. Voici M. Gâtechair.

(*Il entre par le fond.*)

SCÈNE VII

ANGÈLE, GATECHAIR.

GATECHAIR.

Salut à la charmante Angèle.

ANGÈLE.

Je vous attendais, monsieur.

GATECHAIR.

Mon ami le capitaine Brassard n'est pas là?

ANGÈLE.

Non, il vient de sortir pour donner un coup d'œil à son navire.

GATECHAIR.

C'est un fier marin, que votre père; on n'en fait plus comme lui, le moule en est cassé.

ANGÈLE.

Il aime son état avec passion.

GATECHAIR.

C'est un dur à cuire, bravant tempête et ouragan avec la tranquillité d'un cachalot. Mais parlons de nous, ma chère enfant; je viens vous annoncer que mon neveu n'arrivera au Havre que ce soir.

ANGÈLE.

Quel contretemps!

GATECHAIR.

Il a été demandé par le ministre de la marine et ça retarde son voyage de quelques heures. Ah! je comprends que vous soyez impatiente de le voir, vous qui allez être sa femme. Vous êtes fraîche comme une pomme d'api... Il y a du sang dans vos veines et du bon!... je vois ça, moi. Vous aurez des enfants qui se porteront comme le Pont-Neuf! La santé, voyez-vous, ma chère Angèle, c'est tout dans la vie.

ANGÈLE.

Je n'ai jamais été malade.

GATECHAIR.

Sacrebleu! vous n'avez pas besoin de me le dire, je le vois bien. Vous êtes fraîche comme une rose et souple comme un jonc.

ANGÈLE.

Vous exagérez.

GATECHAIR.

Non, mon diagnostic est sûr. J'ai tant étudié notre pauvre humanité que je ne me trompe jamais. Je soulage ceux qui souffrent. Un matelot a-t-il mal à la jambe, je la coupe, il n'en souffre plus. A-t-il mal au foie ou à la rate, je lui ouvre le ventre et je le guéris... quelquefois... Ah! j'exerce mon métier avec amour, aussi, moi, sacrebleu!

AIR : *Très-jolie. (Mme Angot.)*

Je fais d' la médecine
Comme un bon médecin,
En latin de cuisine,
Le scalpel à la main.
Que l'on geigne ou qu'on braille,
Je connais mon métier,
Je coupe, scie et taille
Comme un vrai charcutier.

Purgandi,
Saignandi,
Clistérium donare
Taillandi,
Coupandi,
Maladus conservare.

ANGÈLE.

Je souhaite de toujours me bien porter, vous m'effrayez.

GATECHAIR.

Si vous aviez seulement une jambe cassée, ou deux, vous seriez bien aise de me trouver. Tout ça me fait penser qu'il faut que j'aille chercher mes instruments de chirurgie chez le coutelier... je les ai donnés à repasser.

ANGÈLE.

Mon père m'a dit qu'il comptait sur vous pour dîner.

GATECHAIR.

Volontiers ! Et mon neveu Julien nous surprendra au dessert.

ANGÈLE.

A six heures on se mettra à table.

GATECHAIR.

Je serai exact comme un chronomètre.

ANGÈLE.

C'est entendu.

GATECHAIR, *remontant vers le fond de la scène.*

Oui, mon enfant. *(Il lui baise la main.)* Je vous quitte et je reviens. *(Il sort par le fond.)*

SCÈNE VIII

ANGÈLE, *puis* MARIA.

ANGÈLE, *redescendant la scène.*

Je crois que Julien sera pour moi un excellent mari... Et puis, il a déjà une certaine réputation comme chirurgien de marine... avec ça on peut arriver à tous les honneurs... Si je suis ambitieuse, c'est pour lui, je l'aime tant !

MARIA, *entrant par la droite.*

Mademoiselle, le couvert est mis, il ne manque plus que les serviettes.

ANGÈLE.

Ça me regarde... je vais les préparer... Je suis déjà femme de ménage. (*Elle sort par la droite.*)

SCÈNE IX

MARIA, THOMASSIN.

MARIA, *elle va pour suivre Angèle, s'arrête et revient.*

Ah !... j'oubliais !... Mademoiselle m'a dit qu'elle voulait dîner avec son couvert tout neuf... Il doit être ici... dans le nécessaire de voyage... Tiens, par exemple ! il n'y est plus... où peut-il être ?... (*Elle cherche.*)

THOMASSIN, *entrant par le fond et allant à l'avant-scène de gauche.*

Le serrurier m'a dit qu'il réparerait artistement la fourchette... et même qu'elle serait mieux qu'avant... Quelle chance ! — aussi j'ai gardé la cuillère dans ma poche.

MARIA.

Ah ! c'est vous, Thomassin.

THOMASSIN.

Moi-même.

MARIA.

Vous n'avez pas vu le couvert de mademoiselle ?

THOMASSIN *changeant de physionomie.*

Si, je l'ai vu... tantôt.

MARIA.

Il n'est plus là...

THOMASSIN *passant à droite.*

C'est qu'il est autre part.

MARIA. *

Mais où est-il ?

THOMASSIN *hésitant.*

Ah ! il est... où il est !

MARIA.

J'en ai besoin.

THOMASSIN *avec prière.*

Mlle Maria, ce n'est pas le moment de parler de ça.

MARIA *impatientée.*

Il me le faut pour le dîner.

THOMASSIN, *à lui-même.*

O mon Dieu ! mon Dieu !

MARIA.

Cherchez-le avec moi.

THOMASSIN.

C'est inutile.

MARIA.

Il était sur cette table.

THOMASSIN.

Hélas ! oui, ô malheur !

MARIA.

Qu'avez-vous ?

* Maria, Thomassin.

THOMASSIN, *à lui-même.*

Oh! mon Dieu! (*Il passe à gauche*).

MARIA. *

Seriez-vous malade?

THOMASSIN.

Il y aurait de quoi!

MARIA, *elle remonte.*

Je vais demander à Mademoiselle ce qu'elle a fait de ce couvert.

THOMASSIN, *se précipitant sur Maria et la ramenant en scène.*

Maria, au nom du ciel! n'y allez pas.

MARIA.

Pourquoi?

THOMASSIN.

Pour ne pas me perdre... pour ne pas précipiter notre avenir dans le fin fond de la mer. **

MARIA, *à elle-même.*

Il n'a plus sa raison?

THOMASSIN.

Si j'ai ma raison... (*à part*) le couvert aussi, malheureusement.

MARIA.

Expliquez-vous?

THOMASSIN, *à lui-même.*

Que dire, que faire, qu'inventer... pour gagner du temps?

MARIA.

Eh bien, me répondrez-vous?

* Thomassin, Maria.
** Maria, Thomassin.

THOMASSIN, *à part.*

Ah? une idée! (*haut*). Ma petite Maria, le coteau d'Ingouville, la jetée nouvelle et l'arsenal me seraient tombés sur la tête que je ne serais pas plus malheureux.

MARIA.

Malheureux!

THOMASSIN, *d'un ton pleurard.*

Je vais vous confier ce qui m'est arrivé... Ce matin en lisant le journal je vois qu'un monsieur a avalé une fourchette pour son dessert... Je me dis j'en ferais bien autant moi-même, à jeun... et... machinalement j'ai pris, là, la petite fourchette en argent... Et... elle a descendu comme une lettre à la poste... (*Il fait le geste de suspendre la fourchette au-dessus de sa bouche*).

MARIA.

Quel malheur!

THOMASSIN.

C'est imprudent n'est-ce pas... (*A part*). Mais c'est adroit.

MARIA.

Que va dire le capitaine?

THOMASSIN.

Elle n'est pas perdue.

MARIA.

Il la faut pour le dîner.

THOMASSIN.

Je compte l'avoir sur les quatre heures.

MARIA.

En voilà une histoire!

THOMASSIN.

Mon maître me grondera... Mais il me pardonnera... Ce n'est pas de la casse ça.

MARIA.

Ah ! mon ami Thomassin, je crois que vous allez passer un vilain quart d'heure quand notre maître va rentrer.

THOMASSIN, *au désespoir.*

Vous croyez ? O ! mon Dieu ! mon Dieu ! qu'est-ce que je vas devenir? (*Il va s'asseoir au bureau et frappe de rage sur les papiers.*)

MARIA.

Voyez donc ce que vous faites... Vous renversez l'encrier sur les papiers de Monsieur... Il ne manquait plus que cela !

THOMASSIN.

Sur son rapport géographique... ô malheur!...

MARIA *prend le manuscrit et le montre au public avec une large tache d'encre.*) Que faire?

THOMASSIN.

Vite, vite, donnez, donnnez; je vas le laver à la pompe, ça ne se verra pas, ô malheur de malheur !... (*Il sort en courant par la gauche.*)

SCÈNE X.

MARIA, *seule.*

Je suis toute tremblante... de ce que vient de me dire Thomassin... Est-ce vraisemblable ? voyons ce qu'il y a dans le journal... (*Lisant.*) Jeudi dernier, un habitué du restaurant de *la Coupe d'or* a avalé sa fourchette...(*Elle remet le journal sur le guéridon.*) Ah !.. c'est donc possible !.. Je vas tout conter à mon maître... Thomassin peut en mourir... et je ne veux pas être veuve avant d'avoir été mariée.

Air : Je loge au quatrième étage.

Je veux étrenner ma rob'neuve,
Ma collerette et mon chignon;
Pour ça faut pas que je devienn'veuve
Avant d'avoir porté son nom;
Ce s'rait avoir un rud'guignon.
Oh ! cela ne serait pas drôle,
Si j'allais perdre Thomassin,
Je l' pleur'rais autant ma parole } *Bis.*
Que ma mère à pleuré son s'rin. }

(*Parlé.*) On vient c'est mon maître.

(*Le capitaine entre par le fond*).

SCÈNE XI

LE CAPITAINE, MARIA.

LE CAPITAINE.

Ah ! Troun de l'air !... Je viens de voir le président de la Société de géographie, il veut prendre connaissance de mon rapport avant que je le lise en séance... (*Cherchant sur le bureau.*) Quésaco ? il n'est plus là. Qui a renversé cette encre? Encore cet animal de Thomassin sans doute !

MARIA.

Calmez-vous, capitaine ; il s'agit d'une chose plus grave que d'un encrier renversé.

LE CAPITAINE.

Mais où est mon manuscrit, mille tonnerres !

MARIA.

Thomassin a commis une imprudence qui met sa vie en danger.

LE CAPITAINE, *changeant de ton.*

Sa vie, dis-tu?

MARIA.

Oui, sa vie.

LE CAPITAINE, *se radoucissant.*

Eh bé! qu'est-ce qu'il a ce brave garçon?

MARIA.

Il a avalé une fourchette.

LE CAPITAINE, *riant.*

Ce n'est que ça? *Digue li que vengue.*

MARIA.

Cela ne vous surprend pas?

LE CAPITAINE.

Oh! que non pas, bagasse! L'animal a un gosier de serpent boa et un estomac!...

AIR : *T'en souviens-tu.*

Il a bien sûr un estomac d'autruche
Il mang' du fer et digère des cailloux;
On en a moins, dit-il, quand on ép'luche
Les artichauts, les pois, les cantalous.
Un jour, en mer, sans efforts, ni contrainte,
En bavardant avec mes matelots,
Il avala pour remplacer l'absinthe
Un jeu tout neuf de vingt-huit dominos. } *Bis.*

Et si je n'étais arrivé à temps, il aurait avalé la boîte.

MARIA.

O mon Dieu!

LE CAPITAINE.

Il est en caoutchouc ce chimpanzé-là! ne t'apitoie pas sur son sort. (*Cherchant.*) Où donc est mon manuscrit?... (*Criant.*) Thomassin, Thomassin!...

MARIA.

Vous croyez que ça ne lui fera pas de mal.

LE CAPITAINE.

Du mal! à lui? oh! que non pas! c'est un requin pour la digestion!... Il avalerait l'obélisque comme un sucre d'orge. (*Cherchant.*) Ah! Troun de l'air! qui donc a touché à mes papiers!... C'est prodigieux!... (*Criant.*) Thomassin! m'entends-tu, butor, brute, animal?

MARIA.

Il est peut-être sorti.

LE CAPITAINE, *il remonte.*

Qu'il soit où il voudra, il doit m'entendre Bagasse! n'ai-je pas une voix de tonnerre?... Où peut-il être cet animal?... Thomassin!... Thomassin!... (*Thomassin paraît en entr'ouvrant lentement la porte et ne passe que la tête entre les deux battants.*)

SCÈNE XII

LE CAPITAINE, THOMASSIN, MARIA.

THOMASSIN, *tranquillement.*

Vous avez appelé cap'taine?

LE CAPITAINE.

Je crois bien que je t'ai appelé?

THOMASSIN.

Vous savez quand il vente nord-ouest... j'ai l'oreille dure... (*Il cache derrière son dos le manuscrit qu'il a lavé à la pompe.*)

LE CAPITAINE.

Tu as rangé sur cette table...

THOMASSIN, *tremblant.*

Oui, cap'taine.

LE CAPITAINE.

Et mon rapport?... mon manuscrit?

THOMASSIN.

Il était tombé de l'encre dessus et j'ai voulu le nettoyer à la pompe... Le voici. (*Il montre le manuscrit avec une tache d'encre essuyée qui tient toute la page.*)

LE CAPITAINE, *le prenant.*

Triple brute! V'là du propre! je te chasse!... que je ne te revoie de ma vie... Gorille!... sapajou!... orang-outang!...

THOMASSIN.

Cap'taine!

LE CAPITAINE *lui jetant le manuscrit à la tête.*

Va-t'en, et je te donne pour payer tes gages la fourchette que tu as avalée..,

THOMASSIN *se réfugiant derrière le bureau à gauche.*

La fourchette de mademoiselle?

LE CAPITAINE.

Celle que j'ai donnée, à ma fille? Alors avance ici misérable; avance!...

THOMASSIN, *à part.*

Il sait la chose.

LE CAPITAINE *le faisant venir près du trou du souffleur.*

Allons ici. Tu comptes garder cette fourchette, n'est-ce pas?

THOMASSIN.

Non cap'taine, j'espère sur les quatre heures vous la rapporter...

LE CAPITAINE.

Tu sortiras d'ici!.. mais pas avant de m'avoir rendu la fourchette, brute! idiot!... (*Il se sauve. — Gatechair l'arrête à la porte du fond. Il a sa boîte de chirurgie à la main.*)

SCÈNE XIII

LES MÊMES, GATECHAIR.

GATECHAIR.

Mon ami, que vous a donc fait Thomassin pour le gronder ainsi?

LE CAPITAINE.

Il déjeune avec mon argenterie.

GATECHAIR.

Comment ça?

LE CAPITAINE.

Il a avalé une fourchette toute neuve que j'avais donnée à ma fille.

GATECHAIR.

Le cas est nouveau et curieux, cela me regarde. (*Il va poser sa boîte de chirurgie sur une table au fond à gauche.*

THOMASSIN. *

Grâce, cap'taine, grâce !..

LE CAPITAINE, *à Maria*

Maria, mon enfant, laisse-nous. (*Il reconduit Maria jusqu'à la porte de droite.*)

SCÈNE XIV

GATECHAIR, THOMASSIN, LE CAPITAINE.

GATECHAIR.

Heureusement que j'ai apporté avec moi mes instruments de chirurgie.

THOMASSIN, *suppliant.*

Que voulez-vous donc me faire, docteur?

GATECHAIR.

Nous allons te délivrer de la pièce d'orfévrerie que tu as ingurgitée.

THOMASSIN.

Mais mon bon docteur...

GATECHAIR.

Ne parle pas, mon ami, les efforts que tu fais pour l'émission de la voix pourraient compromettre ton existence.

* Gatechair, Thomassin, le Capitaine.

THOMASSIN.

Laissez-moi vous expliquer, mon excellent docteur...

LE CAPITAINE

Silence! obéis. En cette occurrence, c'est le chirurgien, seul, qui commande ici, troun de l'air!

GATECHAIR, *il va ouvrir sa boîte.*

Oui, je suis sur mon terrain.

THOMASSIN.

Mais .. mon... bon... capitaine...

LE CAPITAINE.

Quésaco?

GATECHAIR, *préparant ses instruments de chirurgie.* Déshabille-toi.

THOMASSIN.

Me déshabiller?

LE CAPITAINE.

Obéis, animal.

THOMASSIN.

Mon brave cap'taine, écoutez-moi...

LE CAPITAINE.

Ah! tu ne veux pas exécuter la consigne!... Eh bien, bagasse! j'usqu'à cette heure tu n'as encore vu que des roses! (*Il décroche un sabre pendu à la muraille. Gatechair continue à préparer ses instruments de chirurgie.*)

THOMASSIN, *à part au public.*

Je donnerais pour être tout seul sur un radeau en pleine mer la moitié de mes gages. — Ils vont m'estropier, c'est sûr!

LE CAPITAINE, *le sabre en main.*

Ote ton tablier.

THOMASSIN.

Cap'taine.

LE CAPITAINE.

Ote ta veste! (*Il tire son sabre.*)

THOMASSIN.

Voilà... mais...

LE CAPITAINE.

Ote ta veste.

THOMASSIN.

Mais... cap'taine?...

LE CAPITAINE.

Mille tonnerres! Ote ta veste.

THOMASSIN, *ôtant sa veste.*

Voilà, voilà! Je vas ôter tout.

LE CAPITAINE.

Caramba! ce n'est pas malheureux!

GATECHAIR, *revenant en scène.*

Mon cher Thomassin, aie la bonté de t'asseoir sur cette chaise. (*Il met une chaise au milieu du théâtre.*)

THOMASSIN.

Docteur... mon cher docteur...

LE CAPITAINE, *levant son sabre.*

Assieds-toi... et tais-toi.

THOMASSIN, *tremblant.*

J'obéis.

GATECHAIR, *lui tâtant le pouls.*

Le pouls est agité.

LE CAPITAINE, *prenant le bras gauche de Thomassin.*

Oui, il est agité le pouls.

GATECHAIR.

Il a la fièvre.

LE CAPITAINE, *même jeu.*

Il bat la tempête, le pouls!

GATECHAIR.

Maintenant ta langue.

THOMASSIN, *se levant.*

Mais, docteur...

LE CAPITAINE, *lui donnant un coup de pied.*

Tire donc ta langue.

THOMASSIN, *allongeant la langue.*

Oh!

GATECHAIR.

Elle est verte!

LE CAPITAINE.

Oh! la vilaine langue!

THOMASSIN.

Est-ce que je serais malade? (*Il s'asseoit.*)

GATECHAIR.

Maintenant laisse-moi faire, ne bouge pas... Renverse-toi un peu en arrière; ouvre la bouche. Je vois. (*Il lui frappe sur la poitrine.*) Respire fortement. La respiration est gênée... Tousse un peu. (*Il met l'oreille sur la poitrine de Thomassin.*)

LE CAPITAINE.

Tousse, troun de l'air! tousse... (*Thomassin tousse.*)

GATECHAIR, *au capitaine, qui écoute dans le dos de Thomassin.*

Bien. C'est ce que je voulais. Entendez-vous... ce son métallique? (*Tâtant.*) La fourchette a quitté l'œsophage et est descendue dans l'estomac... Je la sens parfaitement... Capitaine, sentez-vous quelque chose?... Tâtez vous-même.

LE CAPITAINE, *venant près du docteur et tâtant.*

Oui, vous avez raison, bagasse! Je sens un corps dur... Aie! Je me suis piqué avec les dents de la fourchette.

THOMASSIN.

Je vous en prie, laissez-moi vous expliquer...

LE CAPITAINE.

Silence !

GATECHAIR.

Si tu parles, l'objet peut gagner le duodénum, et alors je ne réponds plus de ta vie... (*Tâtant.*) Dieu me pardonne ! Je crois qu'il a aussi avalé la cuiller.

LE CAPITAINE.

Il est si glouton que ça ne m'étonnerait pas.

GATECHAIR.

Sans s'en apercevoir?

THOMASSIN.

Oh ! pour ça, non ! je vous jure...

LE CAPITAINE.

Tais-toi ! je te dis !...

GATECHAIR.

Voici ce que je vais tenter, capitaine, pour soulager le malade : à l'aide d'une sonde (*il va chercher une longue sonde dans sa boîte*) je vais repousser les corps étrangers dans l'intestin grêle... puis, nous le coucherons sur le dos, et nous lui administrerons quelques litres d'eau froide par la bouche... en ayant bien soin de lui pincer le nez pour faciliter le passage du liquide.

THOMASSIN, *exaspéré.*

Ils veulent m'assassiner !

GATECHAIR.

Voyons... avez-vous un entonnoir?

LE CAPITAINE.

Certainement. (*Allant à droite.*) Maria, donne-moi un entonnoir, un seau et une carafe d'eau. (*Maria apporte les objets demandés, puis sort.*)

GATECHAIR.

Pour humecter le gosier, donnons-lui d'abord un verre d'eau simple.

LE CAPITAINE.

Il y en a là, ce n'est pas difficile...

GATECHAIR, *prenant le verre.*

Cela suffit... mon ami, bois cela à petites gorgées... pincez-lui le nez, capitaine.

THOMASSIN.

Mais docteur je n'aime pas l'eau.

LE CAPITAINE.

Suis l'ordonnance, ou si non, je me mêle de la chose... Tu me connais!... (*Il lui pince le nez.*)

THOMASSIN, *buvant.*

C'est fadasse. (*Il crache l'eau.*)

LE CAPITAINE.

Tu aimerais mieux du rhum, n'est-ce pas ?

GATECHAIR, *tâtant l'estomac de Thomassin.*

Je ne sens plus la fourchette.

LE CAPITAINE.

C'est qu'elle est descendue... Elle a déménagé.

GATECHAIR.

Maintenant, pour expulser l'objet en question, il faut coucher le patient sur la table et nous servir de l'entonnoir.

LE CAPITAINE.

Tu as entendu... Exécute... presto! allonge-toi sur cette table... (*Il débarrasse des papiers son bureau.*)

THOMASSIN, *tremblant, se levant.*

Mon brave cap'taine.

LE CAPITAINE.

Silence! exécute. (*Le capitaine l'enlève et le couche sur la table. La cuiller que Thomassin avait dans sa poche tombe à terre.*)

GATECHAIR *la ramassant,*

Bone Deus ! mon remède opère... il vient de rendre la cuiller... Je savais bien, moi, qu'il n'avait pas que la fourchette dans les régions intestinales.

LE CAPITAINE.

Te sens-tu soulagé ?

THOMASSIN.

Mais la cuiller... était... dans ma...

LE CAPITAINE.

Assez, troun de l'air ! tais-toi.

GATECHAIR.

Apportez l'entonnoir. (*A Thomassin.*) Sois raisonnable... (*Il est assis sur la table.*)

LE CAPITAINE.

Le voilà, et voici de l'eau. (*Il montre le seau.*)

GATECHAIR.

Allons, maintenant, mon garçon, étends-toi mollement sur cette table...

THOMASSIN.

Vous voulez encore me faire boire de l'eau.

GATECHAIR, *prenant l'entonnoir.*

Oui, mais avec un entonnoir, c'est plus facile.

THOMASSIN.

Ah! mais non, je ne veux pas.

LE CAPITAINE, *sautant sur son sabre.*

Ah! bagasse! tu ne veux pas... répète-le donc... et je te fends du haut en bas comme un mouton.

THOMASSIN, *leur échappant après s'être débattu.*

Ça m'est égal! (*Il se sauve à droite à l'avant-scène.*)

GATECHAIR.

Pas de violence, capitaine, ne compromettez pas une cure qui est en si bonne voie.

LE CAPITAINE.

Eh bé! il se rebiffe, le pichoun! et nous allons céder?... Oh! non, jamais!..

THOMASSIN, *en courant, s'est réfugié derrière la table.*

Faites de moi ce que vous voudrez, mais je n'ai qu'une chose à vous dire, c'est que je n'ai pas avalé la fourchette.

GATECHAIR.

Et la cuiller?

THOMASSIN.

Non plus.

LE CAPITAINE.

Mais, troun de l'air, tu viens de la rendre.

GATECHAIR.

Mais alors où est la fourchette?

(*Maria entre par le fond.*)

SCÈNE XV.

LES MÊMES, MARIA.

MARIA.

La voilà.

LE CAPITAINE.

Comment, la voilà?

GATECHAIR.

Alors où était-elle?

MARIA.

Elle était à raccommoder, le serrurier vient de me la remettre.

LE CAPITAINE.

Si j'en comprends quelque chose, je veux être pendu! Eh bé? comment m'expliqueras-tu tout cela?

THOMASSIN.

Ah! c'est bien facile cap'taine. Vous m'avez dit que j'épouserais Maria si je ne commettais plus de bévues.

LE CAPITAINE, *levant les épaules.*

Et tu n'as pas commis de bévues?

THOMASSIN, *continuant.*

Si je ne cassais plus rien... Aussi je me gardais soigneusement à carreau, pour obtenir ma bien-aimée... quand une inspiration malheureuse du ciel me fit casser une dent à la fourchette... Je l'ai portée chez le serrurier pour la raccommoder... un vrai artiste ! et j'ai dit que je l'avais avalée pour détourner les soupçons et ne pas trahir ma maladresse.

GATECHAIR

Galopin ! tu as donc voulu te jouer de la faculté.

LE CAPITAINE.

Bagasse, il est idiot ce pichoun !

(*Angèle entre*).

GATECHAIR.

En effet, il est légèrement borné.

THOMASSIN.

Faut pas m'en vouloir, c'est de famille.

ANGÈLE.

Et puis il aime Maria.

LE CAPITAINE, *à Maria.*

Eh bien, ma belle enfant, si tu l'aimes aussi, épouse-le, et tâche de filer des jours d'or et de *soye* entre les bras de *l'homme à la fourchette.*

MARIA.

Je ferai tout mon possible, cap'taine,

LE CAPITAINE.

Espérons que le conjungo le rendra un peu moins bête !

FINAL.

AIR : *Tout ça passe.*

La fourchette, (*bis*)
Joue un rôle dans tout cela
La gazette
Qu'on achète
Demain soir en parlera.

GATECHAIR.

Il fit un' plaisanterie
Comm' ceux qui crachent en l'air !
Si vous avez d' l'argent'rie,
Cet exemple est assez clair.

La fourchette, etc.

MARIA.

Messieurs, ma joie est complète,
Je vous le dis entre nous,
Mais je cach'rai la fourchette,
Quand il sera mon époux.

La fourchette, etc.

LE CAPITAINE.

Ell' cachera la fourchette
C'est prudent et d'à-propos
Mais aussi faut un' cachette
Pour cacher les dominos.

La fourchette, etc.

ANGÈLE.

Comme dit un vieil adage,
Tout est bien qui finit bien;
Et j'attends mon mariage
Pour ne plus désirer rien.

La fourchette, etc.

THOMASSIN.

L'auteur, en c'moment suprême,
A sa fourchette... la peur ..
Soyez bon pour lui quand même,
Comme moi... c'est un traqueur !

La fourchette (*bis*)
Joue un rôle dans tout cela
La gazette
Qu'on achète
Demain soir en parlera.

FIN.

4-1547 Paris. — Typ. Morris père et fils, rue Amelot, 64.

www.ingramcontent.com/pod-product-compliance
Ingram Content Group UK Ltd.
Pitfield, Milton Keynes, MK11 3LW, UK
UKHW022138260726
13993UKWH00005B/2013

9 782329 316697